SUMÁRIO

A não ser que estejam indicadas, todas as Escrituras deste livro foram extraídas da tradução em inglês do Rei James e traduzidas em Português.
O Melhor Dia da Minha Vida, Sementes de Sabedoria no Espírito Santo, Vol. 14
ISBN 10: 1-56394-407-3 / ISBN 13: 978-1563944079 / PB-116
Copyright @ 2008 por **MIKE MURDOCK**
Todos os direitos de Publicação pertencem exclusivamente à Wisdom International
Publicadora/Editora Sênior: Deborah Murdock Johnson
Publicadora/Editora: Joy Roses
Publicado pelo Centro de Sabedoria · 4051 Denton Hwy. · Ft. Worth, Texas 76117
1-817-759-0300 · **Você Amará a Nossa Website..!** www.WisdomOnline.com

A Única Dor De Deus
É A De Ser Duvidado;
O Seu Único Prazer
É O De Ser Acreditado.

-*MIKE MURDOCK*

❧ 1 ❧

O ESPÍRITO SANTO É UMA PESSOA

Ele Não É O Vento, O Fogo, Ou A Pomba Branca. Jesus sabia disto. Ele nos ensinou: "E pedirei ao Pai, e Ele vos dará outro Consolador, para que fique convosco para sempre", (João 14:16).

Ele não é "uma coisa".

Ele é "um Ser".

Veja bem...as metáforas e os emblemas usados na Bíblia, podem ser facilmente mal entendidos!

Ele É Uma Pessoa E Não Uma Presença. Ele é uma Pessoa que tem uma presença e uma atmosfera que emana Dele. Acho que a palavra "Espírito" confunde as pessoas.

"Oh, ela tem um *espírito* maravilhoso!" me disse a esposa de um ministro. Ela estava se referindo à *atitude* da outra senhora.

"Oh, como eu amo o *espírito* dessa igreja!" Esta maneira de falar, se refere à atmosfera e o clima daquele local.

O Espírito Santo Não É Uma Atitude, Uma Atmosfera Ou Um Ambiente! Ele é uma pessoa que fala, pensa, planeja e é um comunicador incrível. Ele é a *Voz da Trinidade para nós.* Leia João 16:13, "...Ele não falará de si mesmo, mas dirá tudo o que tiver ouvido, e vos anunciará o que há de vir". Uma presença ou uma atmosfera não tem a capacidade de falar! Uma *pessoa* tem.

Uma presença ou uma atmosfera, não tem uma

mente e não faz *planos!* Pensamentos têm presença. Os animais têm presença. Mas *O Espírito Santo é muito mais do que uma presença.* Note que o aroma não é a comida. O odor não é o lixo! O latido não é o cachorro.

A presença é a *evidência* da Sua Pessoa.

Poucas sabem disto. Por isso nunca conversam sobre os seus problemas com Ele. A maioria acredita que Espírito Santo é um vento silencioso influenciando as pessoas.

Jesus Falou Dele Como Um Mentor. "Ele lhe ensinará todas as coisas", (João 14:26).

Ele não é a neblina ou o vento.

Ele não é o fogo ou a chuva.

Ele não é a pomba branca numa cerimônia de batismo. Se Ele fosse o vento, Ele não poderia ser um mentor. Se Ele fosse um passarinho branco, Ele não poderia lhe ensinar. (Leia João 14:6.) Se Ele fosse o fogo, Ele não poderia aconselhar. O Espírito Santo usa várias fotografias dele mesmo para revelar as Suas obras, a Sua natureza e outras qualidades.

O Espírito Santo Pode Entrar Em Sua Vida Como Uma Água Fresca. "Já que derramarei a água sobre ele que está com sede, e rios sobre a terra seca: derramarei O Meu Espírito sobre a tua posteridade, e A minha bênção sobre os teus descendentes: E eles aparecerão como entre a grama, como salgueiros pelos cursos das águas", (Isaías 44:3-4). Mas, Ele é uma *Pessoa.*

O Espírito Santo Pode Atuar Repentinamente E Rapidamente Em Sua Vida—Como O Vento. "E lá apareceu para eles, línguas como que de fogo, as quais pousaram sobre cada um deles. E eles foram todos enchidos do Espírito Santo, e começaram a falar com outras línguas, conforme o Espírito Santo lhes concedia que falassem", (Atos 2:3-4). Mas, Ele é uma *Pessoa.*

O Espírito Santo Se Chega A Você Da Maneira Que Você Mais Precisa Dele. Ele pode aparecer em forma *Delicada*—como uma mãe amamentando seu filho famito. Ele pode aparecer como um Professional Inteligente lhe *Aconselhando*—quando você estiver enfrentando uma decisão difícil. Ele pode aparecer como um amável *Médico*—quando você estiver assustada ou atormentada pelas lutas.

O Espírito Santo É Uma Pessoa. O seu coração se encherá de satisfação, e a sua vida Cristã mudará completamente, quando você entender isso.

O Espírito Santo Lhe Deu Vida

Você É A Maior Criação Dele.

Jó sabia disto. "O Espírito de Deus me fez, e a inspiração do Todo-poderoso me deu vida", (Jó 33:4).

A Sua Personalidade, O Seu Corpo E Tudo Sobre Você, São Desenhos Do Espírito Santo. Pense sobre esse corpo incrível que funciona tão milagrosamente. "Eu Te Louvarei porque de um modo incrível e tão maravilhoso fui formado: maravilhosas são as tuas obras, e a minha alma o sabe muito bem", (Salmos 139:14).

O Seu Corpo É O Templo Do Espírito Santo. "Ou não sabeis que o vosso corpo é o templo do Espírito Santo que habita em vós, proveniente de Deus, e que não sois de vós mesmos?" (1 Coríntios 6:19).

Lembre-se: *O Espírito Santo É Uma Pessoa.*

Oremos Juntos...

"Espírito Santo, ensina-me a andar e a aprender de Ti, meu Mentor, meu Companheiro...Espírito Santo! Tu não és o fogo, o vento ou a chuva. Tu és o Deus Santo que me criastes. No nome de Jesus. Amém".

A Palavra De Deus É A Sabedoria De Deus.

-MIKE MURDOCK

⁓ 2 ⁓

O Espírito Santo É O Autor Da Palavra De Deus

A Bíblia É Um Presente De Deus Para Você.
O Espírito Santo Respirou As Escrituras Sagradas Atraves Do Homem. "Porque a profecia não foi produzida pela vontade do homem: mas os homens santos de Deus foram inspirados pelo Espírito Santo", (2 Pedro 1:21).

Quando Você Cita A Bíblia, Você Está Citando O Espírito Santo. Ele é articulado, brilhante, Ele é o autor da palavra de Deus. (Leia 2 Pedro 1:21.)

O Espírito Santo Inspirou Homens Santos De Deus, A Escreverem A Bíblia Para Corrigir Os Que Estivessem Errados. "Toda a Escritura foi dada pela inspiração de Deus, e é proveitosa para a doutrina, para a reprovação, para a correção, para a instrução na retidão; Para que o homem de Deus possa ser perfeito", (2 Timóteo 3:16-17). Oh, pense nessa Bíblia gloriosa que podemos ler todos os dias! O Espírito Santo pronunciou cada palavra atraves de 40 pessoas sensíveis à Ele, num período de 1600 anos.

► Ele quis respirar a Sua *vida* em você.
► Ele quis a Sua *energia* em você.
► Ele quis a Sua *Sabedoria* depositada em você.

O Espírito Santo Lhe Deu A Palavra De Deus Como Uma Arma Especial; A Espada Do Espírito. "E tome o capacete da salvação, e a espada do Espírito, que é a Palavra do Deus", (Efésios 6:17). Essa é a arma do Espírito Santo; A arma que Ele usa contra satanás. As Suas *Palavras* são as armas que destroem as coisas de satanás.

Jesus Usou A Palavra Como Uma Arma; A Espada Do Espírito. Quando satanás o tentou, Jesus simplesmente respondeu com as palavras do Espírito Santo! "Está escrito; o homem não viverá somente de pão, mas de toda palavra que procede da boca de Deus", (Lucas 4:4). Desse modo, satanás reage imediatamente a qualquer palavra do Espírito Santo que acreditamos e nos firmamos em fé total. (Leia Lucas 4.)

O Espírito Santo Tem Conhecimento Das Nossas Batalhas Antecipadamente. Ele entende o que passamos. Isto é importante para Ele! A nossa vitória está em Sua mente todo o tempo! Verdadeiramente Ele não lhe deixou sem comforto. A arma Dele está colocada em suas *mãos,* em sua *boca*, em sua *vida...*a arma é a Palavra de Deus!

Decore a Sua Palavra. A Palavra de Deus é a única arma que satanás não pode suportar.

A Bíblia tem 66 livros. Esses 66 livros têm 1189 capítulos. Alguém calculou que a Bíblia toda pode ser lida em 56 horas.

5 Sugestões Que O Ajudará Na Leitura Da Bíblia

A Palavra De Deus É O Instrumento Que O Espírito Santo Usa Para Lhe Transformar.

▶ Você *experimenta* o Espírito Santo pela *visitação* da Sua presença.

▶ Você *conhece* O Espírito Santo pela *meditação* na Sua Palavra.

1.   **Estabeleça Um Hábito Diário.**

2.   **Leia Sempre No Mesmo Lugar Todos Os Dias!**

3.   **Leia Sempre No Mesmo Horário Todos Os Dias.**

4.   **Torne-se Um Perito Em Um Tópico Da Bíblia.**

5.   **Fale Das Escrituras Em Suas Conversas.**

Lembre-se: *O Espírito Santo É O Autor Da Palavra De Deus.*

A Solidão Sempre Se Conclui Com Uma Batalha.

-MIKE MURDOCK

❧ 3 ❧

O Espírito Santo Decide A Hora Dos Testes Mais Importantes De Sua Vida

Você Será Testado.

O Espírito Santo O Guiará Na Selva Das Suas Batalhas. Ele fêz isto na vida de Jesus, e fará também na sua. "E Jesus foi levado ao deserto pelo Espírito, sendo tentado por 40 dias pelo diabo", (Lucas 4:1-2).

O Espírito Santo Lhe Testará Antes De Sua Promoção. O propósito do teste não é a mera sobrevivência. A prova deve *qualificá-lo* para promoção. Toda a terra é motivada pela *recompensa.* Deus planejou assim. É desnatural perseguir a perda. O normal é procurar o aumento.

O Epírito Santo liderou Jesus no deserto. Ele foi guiado a um lugar de solidão. *Solidão Sempre Se Conclui Com Uma Batalha.*

A batalha pelo seu *focus.*

A batalha pela sua *mente.*

O Lugar Do Teste É Sempre O Lugar Da Confiança. Deste modo, O Espírito Santo cuidadosamente marca o período do teste para qualificá-lo para um período de recompensas.

Ele não lhe dá uma recompensa simplesmente por sobreviver ao teste. Ele fornece o teste para o *qualificar para as recompensas.*

Deus Continua Usando Tudo Que Ele Fêz. Ele usou as *estrêlas* para motivar a fé de Abraão. Ele usou a *água* para tornar um casamento num lugar de milagres quando a festa não tinha mais vinho. Ele usou o *barro e a saliva* para destrancar a fé do cego. Ele usou um *peixe* para dar dinheiro a Pedro.

Ele Usa Satanás Para Qualificá-lo Para Uma Bênção. Tudo na sua vida é uma recompensa ou um teste. O Espírito Santo sempre lhe leva a um lugar de decisão. Ele lhe conduz ao lugar da prova.

▶ O Espírito Santo conhece o seu *tentador.*

▶ O Espírito Santo antecipa o seu *teste.*

▶ O Espírito Santo provê a *resposta.*

As Suas Respostas Sempre Estão Na Palavra De Deus. Sempre. Quando Jesus foi tentado, Ele não implorou por uma música especial para que pudesse *entrar* num estado perfeito de mente. Ele nunca disse: "Devo regressar à sinagoga. Não deveria ter vindo aqui sozinho". Não, Jesus sabia todas as respostas. Quando Ele começou a citar a eterna Palavra de Deus, satã ficou *imobilizado.*

Jesus passou o teste. A Unção continuou.

▶ A sua prova o qualifica para uma *promoção.*

▶ A sua promoção o qualifica para *recompensas.*

▶ As suas *recompensas* aumentam o fluxo da sua alegria.

O Espírito Santo Nunca Erra. Deste modo, descanse durante as provas. Ele não falhará. Ele conhece o seu inimigo. O seu inimigo *sempre* comete erros. *Sempre.*

A Sua Única Responsabilidade É De Confiar No Espírito Santo. Guarde as palavras Dele em sua mente, em sua boca e em suas conversas.

As Palavras Dele São As Suas Armas. "Porque as armas da nossa guerra não são carnais, mas sim poderosas em Deus para destruição das fortalezas", (2 Coríntios 10:4).

O Espírito Santo Não Permitirá Que O Teste Seja

Muito Grande. "Não veio sobre vós tentação que não fosse humana: mas Deus é fiel, que vos não deixará tentar acima do que podeis, antes com a tentação, também fará um caminho de fuga, para que podeis ser capazes de carregá-la", (1 Coríntios 10:13).

Você Esperimentará Uma Porção Dobrada De Influência E Provisão Quando For Aprovado Nos Testes. Isto aconteceu com Jó. "E o Senhor virou o cativeiro de Jó, quando ele orou pelos seus amigos: também o Senhor deu a Jó duas vezes mais do que ele teve antes", (Jó 42:10). Por isso é importante que você tenha *paciência,* sabendo que Deus responderá suas orações. "Eis que temos por bem-aventurados os que sofrem. Ouvistes da paciência de Jó, e vistes o fim que o Senhor lhe deu; porque o Senhor é muito misericordioso e piedoso", (Tiago 5:11).

Lembre-se: *O Espírito Santo Decide A Hora De Cada Importante Teste Em Sua Vida.*

Oremos Juntos...

"Espírito Santo, obrigado pelas *fases* dos testes que enfrentamos. O Senhor já decidiu a hora da minha vitória e me dará poder em cada etapa do teste. O Senhor já decidiu que o *meu inimigo falhará.* Eu superarei! O Senhor receberá a glória e o louvor. Hoje, Eu estou louvando pacientemente por essa fase maravilhosa de promoção. No nome de Jesus. Amém".

A Atmosfera Que
Você Cria,
Determina O Produto
Que Você Produz.

-MIKE MURDOCK

⁓ 4 ⁓

O ESPÍRITO SANTO RESPONDE À CANÇÕES DE LOUVORES

Música É Importante Para O Espírito Santo.

O Espírito Santo canta para você também. "O Senhor teu Deus está no meio de ti; Ele é poderoso para te salvar. Ele se deleitará em ti com alegria; Ele descansará o Seu amor em ti e regozijar-se-á em ti com júbilo e canções", (Sofonias 3:17).

Muitos não podem imaginar a Deus cantando. Mas Ele canta! Eu posso imaginar isso bem claro no meu coração. O Espírito Santo é como uma Mãe que se debruça na cama da sua pequena criança e canta. "Durma precioso amor da minha vida. Zelarei e protegerei você até o amanhecer".

10 Fatos Que Você Deve Saber Sobre O Louvor

1. O Espírito Santo Quer Que Você Cante Quando Entrar Na Presença Dele. "Venha na Sua presença cantando", (Salmos 100:2).

Os sons são maravilhosos ao Espírito Santo! Escute os pássaros hoje como eles cantam! Escute os sons dos animais, o vento que sopra pelas árvores e até os maravilhosos sons de amor daqueles membros de sua família que estão perto de você. O canto é uma parte essencial deste mundo. Por isso o Espírito Santo quer que você saiba do desejo fervente que Ele tem de ouvir você cantar para ele.

2. Cante Não Somente Para As Pessoas, Mas Específicamente Para Ele. Em toda a minha vida, eu já escrevi mais de 5.700 canções. Ainda assim, as canções que mais gosto de cantar são as canções de *amor* ao Espírito Santo. Chamo-as de "Canções do Lugar Secreto". Centenas de canções nasceram no meu coração desde que *me enamorei* pelo Espírito Santo no dia 13 de Julho de 1994.

3. Cante Do Seu Coração, Não Da Sua Mente. Ele não precisa de palavras difíceis ou sons bonitos. Ele quer simplesmente que você abra o seu coração e deixe o som do amor fluir de você. (Leia 1 Coríntios 13.)

4. Cante Em Línguas. O apóstolo Paulo entendeu o poder incrível das canções. "Cantarei com o Espírito e cantarei com compreensão", (1 Coríntios 14:15). "Paulo e Silas oravam e cantavam louvores a Deus", (Atos 16:25).

5. O Espírito Santo Deseja Que Você Cante Junto Com Outros Santos. "Deixe a palavra de Cristo viver em você ricamente em toda a Sabedoria; ensine e admoeste uns aos outros em salmos e hinos e canções espirituais, cantando com graça nos seus corações ao Senhor", (Colossenses 3:16).

6. Quando Você Canta Para O Espírito Santo, Os Espíritos Maus Se Retiram. O Rei Saul descobriu isto na música ungida de Davi. Em fato, a música de Davi refrescava Saul. "E quando o espírito mau da parte de Deus vinha sobre Saul, Davi tomava a harpa, e a tocava com a sua mão: Então Saul se refrescava, e se achava melhor, e o espírito mau se retirava dele", (1 Samuel 16:23).

Por isso eu coloquei 24 caixas de som nas árvores do meu território de sete acres. Não posso descrever como é maravilhoso andar no meu jardim ouvindo as canções do Espírito Santo. As caixas de som foram instaladas em todas as partes das salas da minha casa. As palavras não podem descrever o efeito que isso causa na minha mente e no meu coração. *O Espírito Santo Vem Quando Ele É Celebrado.* Invista em um excelente sistema de som estereofônico de qualidade e faça da música uma parte principal do seu dia. Ele merece cada centavo que você tem. A sua *mente* responderá incrivelmente ao louvor. O seu *coração* encontrará um fogo novo. O seu corpo aumentará em energia e vitalidade. O melhor de tudo é que o Espírito Santo manifestará A sua presença.

7. Os Cantores Foram Muitas Vezes A Razão Das Vitórias Contra Os Inimigos De Deus. "E quando eles começaram a cantar e louvar, O Senhor estabeleceu emboscadas contra as crianças de Amom e de Moabe e os das Montanhas de Seir, que vieram contra Judá, e eles foram desbaratados", (2 Crônicas 20:22).

▶ A sua canção ao Espírito Santo *criará uma atmosfera de ação de graças.*

▶ A sua canção *influenciará o seu focus.*

▶ A sua canção dispersará toda influência demoniaca projetada para distraí-lo.

▶ A sua canção acordará a energia e a paixão do seu próprio corpo para concentrar-se no seu Criador.

8. O Seu Canto Pode Afetar A Própria Natureza. Leia novamente a história incrível de Paulo e Silas na prisão. Tudo estava contra eles. Mas, eles entenderam a Arma do Canto. "E na meia noite

Paulo e Silas oraram, e cantaram louvores a Deus, quando de repente houve um grande terremoto, e as fundações da prisão foram sacudidas, e imediatamente todas as portas foram abertas", (Atos 16:25-26).

9. O Canto Pode Fazer O Seu Inimigo Ficar Desmoralizado, Descoroçoado, E Decidir Afastar-se De Você. Paulo viu isto acontecer quando ele e Silas cantaram na prisão. "E o proprietário acordou do seu sono e quando viu as portas da prisão abertas, ele tirou a sua espada para se matar, supondo que os presos tivessem fugido", (Atos 16:27).

10. O Canto Pode Modificar Tudo Em Sua Volta. Tudo. Deste modo, comece neste mesmo momento. Feche este livro e começe a cantar em voz alta ao Espírito Santo. As suas palavras podem ser simples, mas se tornarão poderosas. Você e eu podemos aprender dos campeões. Aqueles que conquistaram na batalha, discerniram o poder escondido e misterioso do canto. Você deve fazer o mesmo! "Anunciarei o Teu nome a meus irmãos, cantar-te-ei louvores no meio da cogregação", (Hebreus 2:12).

Lembre-se: *O Espírito Santo Responde A Canções De Louvores.*

Oremos Juntos...

"Espírito Santo, agradeço por me ter revelado a Arma das Canções. Cantarei...quando as coisas derem certo ou errado. Cantarei apesar das minhas circunstâncias. Cantarei para O honrar e obedecer. Cantarei canções de lembranças, porque eu me lembro de cada bênção que me foi dada durante os meus anos. Cantarei contínuamente, sabendo que estarei cantando e os anjos estarão me ministrando. Cantari com vitória, sabendo que os espíritos maus se fragmentam e se confundem quando ouvem as minhas palavras. Cantarei sabendo que a minha boca é o meu libertador. Ensinarei às minhas crianças. Mandarei tocar canções na minha casa, no meu carro e no meu emprego contínuamente...para honrar a sua presença! Obrigada por cantar para mim! No nome de Jesus. Amém".

O Seu Dever Na Terra
É O Único Lugar
Que A Provisão
Financeira É
Garantida.

-MIKE MURDOCK

≈ 5 ≈

O ESPÍRITO SANTO PODE LHE REVELAR FUTUROS EVENTOS

O Espírito Santo Vê Mais Adiante.
Ele lhe mostrará eventos antes de que eles ocorram. Jesus prometeu que isto aconteceria "Ele mostrará todas as coisas que há de vir", (João 16:13). O Espírito Santo é o Espírito de Profecia. "Porque a profecia nunca foi produzida por vontade de homem algum, mas os homens santos de Deus falaram inspirados pelo Espírito Santo", (2 Pedro 1:21).

O Espírito Santo Falou Antecipadamente Sobre Os Zombadores Que Fariam Caso Da Vinda De Cristo Nos Últimos Dias. "Que possais ser atentos às palavras que foram ditas antes pelos profetas sagrados, e do mandamento de nós os apóstolos do Senhor e Salvador: o Conhecimento de que viriam zombadores nos últimos dias, andando atrás das suas próprias luxúrias, dizendo: Onde está a promessa da Sua chegada?" (2 Pedro 3:2-4).

O Espírito Sagrado Deu Ao Grande Profeta, Samuel, As Fotografias Dos Futuros Eventos. "O Senhor tinha dito a Samuel um dia antes de que Saul chegasse: Amanhã, aproximadamente nesta hora, enviarei a ti um homem fora da terra de Benjamin, e deves ungi-lo para ser capitão do Meu povo Israel, para que ele possa salvar o meu povo da mão dos Filisteus", (1 Samuel 9:15-16).

O Espírito Santo Inspira, Unge E Qualifica Homens E Mulheres A Profetizarem. "Porque a um pelo Espírito é dada a palavra da sabedoria; e a outro, pelo mesmo Espírito, a palavra da ciência; e a outro, pelo mesmo Espírito, a fé; e a outro, pelo mesmo Espírito, os dons de curar; e a outro a operação de maravilhas; e a outro a profecia; e a outro o dom de discernir os espíritos; e a outro a variedade de línguas; e a outro a interpretação das línguas", (1 Coríntios 12:8, 10).

O Espírito Santo Deu A Jeremias, Um Retrato Do Seu Futuro. "Então a palavra do Senhor veio para mim, dizendo; antes que te formasse no ventre te conheci; e antes que saísses da madre, te santifiquei e te ordenei que fosse um profeta para as nações", (Jeremias 1:4-5).

O Espírito Santo Não Faz Diferença Entre As Pessoas. Em todas as épocas Ele tem colocado retratos do futuro no coração daqueles a quem Ele ama. Ele fará o mesmo para você.

Deus Mostrou A Abraão As Fotografias Do Seu Futuro. "E farei de ti uma grande nação, e abençoarei a ti, e farei o teu nome grande; e serás uma bênção: E abençoarei os que abençoam a ti...e em ti todas as famílias da terra serão abençoadas", (Gênesis 12:2-3).

Você deve *receber* um retrato do seu futuro.

Você deve *acreditar* naquela fotografia.

Você deve *regar* a Semente do Amanhã.

Você deve *receber* do Espírito Santo.

Você deve *proteger* essa fotografia.

Ninguém pode fazer isso para você. Ninguém acreditará como você. Abrace, receba e proteja esse quadro. Essa fotografia incrível do amanhã, que é plantada dentro de você pelo Espírito Santo que o formou no ventre de sua mãe.

O Espírito Santo Deu A José Um Quadro Do Seu Futuro Em Um Sonho. "Eis que estávamos atando molhos no meio do campo, e eis que o meu molho se levantava e ficava de pé, e eis que os vossos molhos o rodeavam e se inclinavam ao meu molho", (Gênesis 37:7). José visualizou-se na posição de *autoridade*. Ele visualizou outros honrando-o. A sua mente modificou-se. A sua conduta e o seu comportamento modificaram-se para o nascimento daquele retrato.

O Que Acontece Na Sua Mente, Acontecerá Algum Dia. Por isso o Espírito Santo é tão importante na sua vida. O seu comportamento não pode modificar-se, até que Ele faça nascer em você, um retrato do que Ele está vendo quando Ele o vê.

Ele *vê* algo que você não vê.

Ele está lhe levando onde você nunca foi.

Ele está *plantando a Semente* do que você será.

Ele é o Espírito de Profecia, Ele é Quem traz o futuro para você—não simplesmente você no seu futuro.

O Seu Futuro Tem Que Mover-se Em Você, Antes De Que Você Possa Mover-se No Seu Futuro.

O Seu Retrato Do Amanhã, Gerará Força Em Você Para Aturar As Dificuldades Presentes.

A preocupação fica mais fácil de se tratar quando você sabe que ela não durará. Jesus teve este quadro, "Olhando para Jesus, o autor e consumador da fé, o qual pelo gozo que lhe estava proposto, suportou a cruz, desprezando a afronta, e assentou-se à destra do trono de Deus", (Hebreus 12:2). *Jesus Teve Confiança Na Sua Ressurreição, E Isto O Permitio Aturar A Cruz.*

Lembre-se: *O Espírito Santo Pode Revelar Futuros Eventos Antes De Que Eles Aconteçam.*

Oremos Juntos:

"Espírito Santo, Tu tens um plano específico para minha vida. Tu já sabes o que acontecerá amanhã. *Confio em Ti.* Deste modo, comece a me mostrar os retratos do Teu futuro plano para mim. Mostre-me quais são as Sementes do Amanhã que preciso regar. Altere a minha conduta e o meu comportamento para que ele concorde com O Teu plano na minha vida. No nome de Jesus. Amém".

Alergia É Uma Prova Da Presença De Deus.

-MIKE MURDOCK

6

O ESPÍRITO SANTO DECIDE O SEU DESÍGNIO; O PROBLEMA QUE VOCÊ NASCEU PARA RESOLVER

O Seu Dever Na Terra Já Foi Decidido.

O Espírito Santo Decide O Seu Dever. "Antes que te formasse no ventre te conheci; e antes que saísses da madre, te santifiquei e te ordenei que fosse um profeta para as nações", (Jeremias 1:5). Jeremias acreditou nisto. Enquanto ele ainda esteva no ventre da sua mãe, Deus tinha decidido que ele seria um pregador. E qual era a responsabilidade de Jeremias? Aceitar o plano de Deus sem alterações.

Tudo Que Deus Criou Contém Uma Instrução Invisível. Olhe dentro de uma semente de melancia. Você não pode vê-la com o seu olho natural. Mas, dentro daquela semente de melancia está uma ordem; o Dever de produzir mais melancias.

Tudo Que Deus Criou Contém Uma Solução. Os seus olhos vêem. Os Seus ouvidos ouvem. As suas mãos alcançam. Os seus pés andam. A sua boca fala. O mecânico resolve os problemas dos carros. Os advogados resolvem problemas legais. Os dentistas resolvem problemas de dentes. As mães resolvem problemas emocionais. Os ministros resolvem problemas espirituais.

Você Nasceu Para Resolver Um Problema Aqui Na Terra. O Espírito Santo lhe formou. (Leia Jó 33:4.) Ele tem um objetivo; por isso Ele distribuiu presentes e talentos específicos para você. "E há diversidade de ministérios, mas o Espírito é o mesmo. E há diferenças nas administrações, mas é o mesmo Deus que opera tudo em nós", (1 Coríntios 12:4-5).

Você Não Decide Os Seus Dons—Você Descobre-os. "Mas um só e o mesmo Espírito opera todas estas coisas, repartindo a cada um como quer", (1 Coríntios 12:11).

O Que Você Ama É Uma Pista À Sua Missão. Pense por um momento. Qual é a sua maior paixão? O que o excita e o energiza cada dia? Se você pode falar de qualquer assunto, qual é o que você escolheria? Você tem uma Sabedoria especial em qualquer coisa que você ama.

O Amor É Como Um Itinerário À Sua Sabedoria. O desejo de aprender emergirá em direção ao que você ama. Podem ser animais, bebês ou automóveis. Preste atenção à paixão do seu coração. Ela é uma pista à sua Função na terra.

O Que Você Odeia É Uma Pista A Algo Que Você Foi Criado Para Corrigir Ou Modificar. Quando Moisés viu um egípcio espancar um israelita, a raiva cresceu dentro dele. Por que? Ele era o seu Libertador. Talvez você odeie álcool, drogas ou abuso de crianças; isto é uma pista a algo que você foi criado para modificar e corrigir.

O Que O Aflige É Uma Pista A Algo Que Você Foi Criado Para Curar. Preste atenção às suas lágrimas. A compaixão é poderosa. Ela é também um poste itinerário à sua Função na terra.

A Sua Missão É Geográfica. O Espírito Santo sabe exatamente o estado e a cidade onde você deve viver ou ministrar. "Então o Espírito disse para Filipe: vá perto, e junta-te a esse carro romano", (Atos 8:29; e Atos 13:2).

Campeões Espirituais Sempre Dependem Do Espírito Santo Para Instruções Específicas Quanto Ao Seu Dever. "Enquanto eles ministravam ao Senhor, e jejuavam, o Espírito Santo disse: Separe Barnabas e Saul do trabalho e chame-os para a obra. Eles jejuaram, oraram, e puseram as mãos sobre eles, e os expediram. Portanto eles, sendo enviados adiante pelo Espírito Santo, partiram para Seleucia, e dali eles navegaram ao Chipre", (Atos 13:2-4).

Você deve encontrar o centro da sua perícia. Ninguém mais pode encontrá-lo para você. Ele Não pode ser produzido pela sua lógica, interrogatório, nem até aqueles testes de perfil de personalidade especiais que você recebe de determinados conselheiros.

O Espírito Santo Sozinho Sabe O Seu Dever. Você só o descobrirá isto na Sua presença. (Leia Salmos 26:4-6.)

Lembre-se: *O Espírito Santo Decide O Seu Desígnio; O Problema Que Você Foi Criado Para Resolver.*

Oremos Juntos:

"Espírito Santo, nasci com uma razão. Tu sabes qual é o motivo de minha vida e quer revelar isto para mim. Estou escutando A Tua voz. Irei em qualquer lugar que desejes que eu vá. Direi qualquer coisa que desejes que eu diga. Ficarei em qualquer lugar que desejes que eu fique. Os Teus desejos são os meus desejos. Retire da minha vida o que não é de Ti. Retire as pessoas incorretas da minha vida. Traga as pessoas corretas. Aceito e abraço totalmente e completamente a Tua Nomeação na minha vida hoje. No nome de Jesus. Amém".

～ 7 ～

A Presença Do Espírito Santo É Retirada Quando O Ofendemos

Nunca Tome A Sua Presença Ligeiramente.
"Irei e voltarei ao Meu lugar, até que eles reconheçam a sua ofensa, e busquem a minha cara: na sua aflição eles me buscarão cedo", (Oséia 5:15).

O amor de Deus foi mal entendido. A sua misericórdia foi dada por certa por milhões de pessoas. "Ah...Deus sabe o meu coração", riu uma senhora quando o seu pastor a perguntou por que ela não tinha ido à igreja durante vários meses. Ela tinha tomado férias, e agora estava passeando todos os domingos. Assim, ela se acostumou a ignorar a voz interior do Espírito Santo, e a sua consciência tinha ficado murcha e entorpecida.

É Uma Atitude Perigosa Pensar Que O Acesso A Deus É Permanente E Fácil.
A Sua Presença nos guia em direção a Ele.

A Sua Presença nos guarda com mais fome e com mais sede Dele. Quando você não persegue a sua Presença, o perigo de endurecer o coração é muito verdadeiro. Um ministro uma vez me disse: "Nunca sonhei que eu poderia me afastar tanto de Deus". Fiquei surpreso quando olhei para ele. Aqui está um homem que pronunciou sermões com o fogo de Deus na sua alma, um homem que tinha amor fluindo do seu coração, muitos anos antes.

Mas, ele tinha ofendido o Espírito Santo repetidas vezes. Agora, o Espírito Santo se afastou. Ele tinha até perdido a fome e a sede da Presença de Deus. Você sente um incômodo no seu espírito? Graças a Deus por isto! Milhões de pessoas O tem ignorado por tanto tempo, que o Fogo do Desejo Santo morreu.

A Rejeição Do Espírito Santo Pode Ser Fatal. Jesus disse claramente, "Lembre-se da esposa de Lote", (Lucas 17:32). Os anjos tinham aparecido pessoalmente para escoltar o Lote e a sua família do perigo. Mas a mulher de Lote não fez caso. As instrunções se tornaram sem importância. Ela rebelou e se transformou numa pilar de sal. Por isso Jesus chorou por Jerusalém.

A Rejeição Consistente Do Espírito Santo Conseqüentemente Produzirá A Desolação. "...a sua casa agora é desolada", (Mateus 23:38).

As Conversas Podem Afligir O Espírito Santo. "Não deixe nenhuma comunicação corrupta proceder da sua boca, mas só a que for boa para promover edificação, para que dê graça aos que a ouvem. E não entristeçais o Espírito Santo de Deus, pelo qual sois selados para o dia da redenção", (Efésios 4:29-30).

A Presença Do Espírito Santo Ontem, Não Garante A Presença Dele Amanhã. Olhe o que aconteceu a Saul. Ele conhecia a Unção. Deus o tinha selecionado. Deus tinha tocado na sua vida. O profeta de Deus o ungio. Ainda, "O Espírito do Senhor partiu de Saul, e um mau espírito do Senhor incomodou-o", (1 Samuel 16:14).

Ele morreu a morte de um tolo.

O Salmista Sabia Das Estações Horripilantes Quando O Espírito Santo Parecia Longe Dele. Davi tinha estado com Saul. Ele viu os maus espíritos partirem quando ele tocava a sua harpa. Ele viu o toque de Deus na vida de Saul chegar...e sair. Ele chorou depois do seu próprio pecado com a mulher de Urias, "Não me lances fora da Tua presença, e não retires de mim o Teu Espírito", (Salmos 51:11). Agora, os teólogos riem da confissão de Davi. Milhares de ministros dizem que Davi estava errado, que o Espírito Santo não podia retirar-se dele. Mas, Davi tinha observado a deterioração de Rei Saul. Não brinque com isto!

Se você já viveu muito tempo aqui na terra como um ministro do Evangelho, você verá muitos a quem o Espírito Santo se retirou. Não, Ele não o faz facilmente ou rapidamente. Ele é longânimo. Ele é paciente.

Mas, *a rejeição repetida do Seu desenho para a nossa vida, tem resultados devastadores.*

Muitos nunca leram essas palavras horripilantes em Oséias 5:15: "Irei e voltarei ao Meu lugar, até que eles reconheçam a sua ofensa, e busquem A minha cara: na sua aflição, eles me buscarão cedo".

Levanto a minha voz com Oséia hoje: "Vinde, e voltemos para o Senhor: Ele nos quebrantou e Ele nos curará; Ele nos abateu, e Ele nos atará. Depois de dois dias nos reanimará: ao terceiro dia Ele nos levantará, e viveremos diante Dele. Conheçamos e prosssigamos em conhecer ao Senhor", (Oséia 6:1-3).

A Canção de Solomão contém uma das fotografias mais tristes do amor rejeitado e perdido. "Abri-me ao meu amado; mas o meu amado tinha se retirado, e se foi: a minha alma falhou quando ele falou: busquei-o, mas não posso encontrá-lo; chamei-o, mas ele não me deu nenhuma resposta", (Cantares de Salomão 5:6).

Uma Nota Especial

Satã Muitas Vezes Mente Às Pessoas Sobre A Retirada Do Espírito Santo. Ele fá-los sentir que é inútil orar, e que eles não têm esperança nenhuma de transformação. Satã muitas vezes fala para as pessoas que elas pecaram "o pecado imperdoável" quando o oposto é verdadeiro.

Como você sabe se pecou realmente o pecado imperdoável? Se você ainda tiver desejo Dele, então o Espírito Santo ainda está trabalhando. O Pai é Aquele que lhe desenhou. *Se você ainda sentir um desejo sincero de conhecer a Deus, você ainda não pecou o pecado imperdoável.* Veja, só Deus pode desenhá-lo. Se Ele o estiver desenhando, não é demasiado tarde. Você ainda tem uma possibilidade de uma experiência miraculosa com Ele.

Lembre-se: *O Espírito Santo Pode Retirar A Sua Presença Quando Ele For Ofendido.*

Oremos Juntos:

"Espírito Santo, eu quero aprender! Eu estou disponível. Limpe-me, purifique-me e desenhe -me em Tua direção. Não quero tomar ligeiramente A Tua presença e o acesso que tenho. Nos meus fracassos, Tu me segurastes e manteve vivo dentro de mim o desejo da retidão. Esta ânsia e este desejo da perfeição vieram de Ti, não de mim. Me chame e me dirija mais perto de Ti. Vire o meu coração em direção a Ti. Faz nascer dentro de mim um ódio pela injustiça e um amor pela vida santa! Tu és o meu Deus, e eu sou a Tua criança. No nome de Jesus. Amém".

www.ingramcontent.com/pod-product-compliance
Lightning Source LLC
Chambersburg PA
CBHW071804020426
42331CB00008B/2401